JN438565

고향의 저녁연기

고향의 저녁연기

| 운담 이태일 시집 |

도서출판 천우

● 시인의 말

봄 여름 가을 겨울이 수없이 지나간 즈음
초로의 나이에 첫 시집을 상재하게 되었습니다.

가슴 한편으로는 뿌듯하면서도 왠지 모를 쓸쓸함
또한 밀어내지 못할 것 같네요.

시절 인연이라 말했듯이 시인이라는 이름표를 받은 지도 수십 년 세월이 흘렀지만 이제야 불임이라는 붉은 흉터를 시원하게 떼어 냈습니다.

『고향의 저녁연기』 시집을 탈고하면서 심한 열병을 앓았었고, 한동안 잊고 살았던 빛바랜 발자취들마다 내 고향의 잊지 못할 추억들이 발목을 잡고 놓지 않았어요.

그만큼 고향땅은 나에게 있어서 얼마나 큰 선물인가를 다시 한번 상기시켜 줍니다.

내일이 존재하지 않는 것처럼 뜨거운 열정을 가지고 살아왔으며, 영원히 살아갈 것처럼 간절하고, 아름다운 꿈도 무시로 꾸었습니다.

한 편의 시를 쓸 때마다

내가 시가 되고, 시가 하늘이 되고, 하늘이 우주가 되어 나를 인도하고 성숙하게 했습니다.

그동안 늦둥이 시집을 준비하기까지 무거운 침묵의 시간들이 강물처럼 흘러갔지만, 이제는 좀 더 깊고, 넓은 마음 세계와 우주의 진리를 깨달으면서 고향의 푸른 봄을 가슴 펴고, 노래하는 시인의 마음자리 가슴 떨리는 시집 발간사를 마치고, 하늘을 바라보니 꿈만 같고, 더없이 기쁜 마음 온 세상을 다 얻은 듯 넉넉하고, 뿌듯해집니다.

시집 서평을 흔쾌히 써 주신 존경하는 채수영 박사님과 모지 문학세계 출판부 도서출판 천우의 무궁한 발전을 빌며, 저를 응원해 주신 멘토 김천우 발행인님과 편집, 기획실 관계자님들께 진심으로 감사드립니다.

2019년 1월

온담 이태일 배상

제1부

고향의 저녁연기

제2부

내 고향 석적

제3부

빗속의 산장

제4부

어머니

제5부

보릿고개 넘으며

제1부

고향의 저녁연기

고향의 저녁연기

향수처럼 피어오르는
아득한 고향집 흙 내음
오백 년 정기 솔가지
꺾어 들고 처마 끝 단장에
숨 막히는 통곡 소리
연분홍 새악시
고운 자태 서연한 백일홍
세월의 나이테 사이
천사의 면류관 썼다

조상의 얼이 서린 구들장 사이로
보리피리 소리 처연한
한개 마을* 뒷동산

산 여울에 아롱지며
사라지는 고향의 저녁연기

*한개 마을 : 한자 이름은 대포리(大浦里)인데 '큰 개' 대신 '한 개'라고 부르며 여기서 '개'는 포구라는 뜻의 순우리말이다. 그러므로 '한개'란 마을 이름은 예전에 큰 개울 또는 나루가 있었다 해서 붙여진 이름이다.

귀신 소동

옛날 옛적
공동묘지였다는 성터
구수한 전설의 고향 들려주던
고향마을 선배 너털웃음 소리
귀신 소동 담벼락 타고 넘나든다

붉은 벽돌담 기우는 성당
수도원 건물 대풍수 자리 터
청포도 익어가는 시절이 오면

생기 도는 성 마오로 기숙사
천사의 노래 구성지게 들려오던
산마루 청산에 살어리랏다

어둠 사이로 하얗게 떠오르던
긴 머리 풀어 제친 처녀 귀신
후미진 담벼락 수세식 화장실
태식이 시야에 소롯이 떠오르던
싸늘한 새벽 기운이 소슬하다

맨발의 달음박질
양손에 꽉 쥔 고무신 두 짝
천국과 지옥을 향하여
후다닥 뜀박질한다

음산하고 소름 돋아나는
하얀 시트커버 뒤로 감추어진
모세 십계명 손에 닿을 듯
고참 선배 너털웃음 소리에
저물어가는 서녘 하늘

유년의 뜨락에서

혼자서 꺼이꺼이 울었다

자식 사랑 앞서던 우리 엄마
엎질러진 꾸러기아들
못 본 체하네

넓은 마당 소등 타고 맴돌다
호랑이 담배 피우던 옛 시절
밤 깊어가는 줄 내 몰라라

고향의 저녁연기 모락모락
먼 아지랑이 피어오르는
유년의 뜨락에서

울 어머니 젖가슴 사이로
흠뻑 젖어 드는 애수의 곡이련가
정답던 내 고향집 툇마루에 서면
봄기운 꽃 내음 사무치게 그립다

동경의 비밀

잔잔하게 번져가는 청동거울
자신의 모습 비춰보는 물의 노래
춘추전국시대 파란 많은 상흔의
얼룩진 역사의 발자취

가만히 들여다보면
원시인 형태 보일 듯 말 듯
철과 청동을 매끄럽게 갈아
경배기법 세 선으로 만들어진
거치문 춤추는 신선의 형상
꿈꾸는 내 안의 두 그림자

다뉴세문경*이라던 여러 개 꼭지로
물속에 어리는 내 모습 들여다보면
화형의 자루를 단
동경을 가지고 싶은 내 마음
뉴 꼭지로 통하는 천혜의 구멍
시골 장터 세상 속 동경이어라

* 다뉴세문경(多紐細文鏡) : 청동기시대에 제작된 청동거울. 청동기시대의 청동거울은 거친무늬거울과 잔무늬거울로 구분되는데, 이중 잔무늬거울을 다뉴세문경이라고 한다.

우물가에서

갑사댕기 땋아 올린 긴 머리
산처녀 버들잎처럼 고와라

물동이 이고
우물가 가는 길

짚으로 또아리 튼
바깥선 따라 왕골로 총총히
감아 도는 삼단머리채
고혹의 몸짓 황홀한 석양빛

자연 생명수 차오르는 물동이
산골 처녀 사뿐사뿐 걸어가는
뒷모습 못내 사랑스럽다

질화로

엄동설한의 겨울밤
폴폴폴 함박눈 내리면
화롯불에 삼삼오오 모여앉아
이야기꽃 아롱다롱
익어가는 우리들의 사랑방

곰방대 길게 늘어뜨린 할머니
주름진 얼굴이 스쳐 지나가네

타다 남은 불씨의 잔해
놋쇠 청동화로 장작불 헤집고
꼭꼭 누르던 녹슨 꽃삽 자루

고향의 어머니 버선코 같은
구수한 옛 정취마다
둥글고 넓은 불손 사이로
모락모락 피어나는
그 시절 겨울밤

체다리*

집안의 대소사 열리는
흥겨운 잔칫날
온 지성 한데 모아
술밥 찌고
누룩 띄워
독마다 곱게 내려앉은
고향 내음 동동주

술 익는 마을마다
샅샅이 뒤지는 빨간 모자
미운털 아저씨 뒤로하고
가만히 숨죽인 체다리
선조의 깊은 숨결 묻어난다
콩나물시루 복조리처럼
철철 넘치던 울 할머니 손맛
옛 향수 걸러지는 체나무 발
아련한 추억의 책갈피

*체다리 : 체로 밭거나 거를 때에, 그릇 따위에 걸쳐 그 위에 체를 올려놓는 데 쓰는 기구.

에밀레종

신비의 천년의 울림
음관을 타고 하늘 끝
삼천리 방방곡곡 번지는구나

맥놀이 이어지는 세월의
골 깊은 흔적이련가

천지인 삼재사상으로 떠오른 듯
서른여섯 개 연꽃형 돌기 피고
사발 모양 덤쇠는 맑고 청량한 소리
아— 그 누구의 애간장 태우는
에밀레종….

불의 만남

하늘과 해의 어울림

혼례의 성스러움 후
백년해로 맺은 고운 인연
눈앞에 아롱지면
노중에 놓인 숯불

산고에 젖어 드는 토담집
붉은 금기 줄
조상의 성역 만들어

보이지 않는 비밀의 끈
삼신의 통증 삭히는
영원의 불꽃

숯불

우리 할머니 애환의 시절
멀고도 먼 그 길을 떠나서
짚불놀이하던
유년의 추억 숯불을 놓자

한동안 잊고 살았던 설움의 덩이
단내 나는 사랑마저 활활 태우자

타다 남은 한 가닥 사랑일랑
고이 남겨두고
악귀의 숯불 놓자

동짓달 그믐날 허기진 배
채우며 떠도는 마파람처럼
추위와 공포 싸악 걷어내고
행복의 불 사랑의 꽃불 태우자

곡예단의 첫사랑

메마른 세상 한 무리
베일을 드리우고
나팔 소리 하늘가 울려 퍼지고
원숭이 재주 부리는 마을

구성지게 불어대는 트럼펫 소리
월사금 때 거르고 당도하니
곡예단 깃발 더 높아라

코끼리 손사래
요술 자전거 사이로
아슬하게 매달린 피에로의
춤사위는 간담이 서늘하였노라

버얼겋게 입 벌린 불 속
뛰어들며 관중들 박수 소리에
한목숨 부대끼며 지탱하는
주연배우 한 서린 연극

북극곰 재주 부리는 곡예단
시간이 무르익을수록 열기는
달구어지고 뼈마디 없는 연체동물인가

가녀린 소녀의 율동 앞에
뭇 사내들 혼을 쏙 빼놓았던
향수 젖은 병이 못내 그립다

텅 빈 하늘가
공연이 끝나고 뿔뿔이 흩어진
자리마다 사막의 바람 같은
시간여행은 막을 내렸다

곡예단의 첫사랑 흔드는
공중 사다리 두 개
세월의 질곡이 오랫동안
켜켜이 묻어 있다

제2부

내 고향 석적

내 고향 석적

한 세상 무거운 짐 이고 가는
고생 많으시던 우리 엄마
그 그림자 뒤를 따라
걸어오신 세월의 물굽이길

어느새 중년의 나이가 되어도
언제나 그리운 석적땅 내 고향

모래무지 땅 파고
송사리 떼 무리 지어 헤엄치며
매기잡이 손사래 치던 그곳

유년이 익어가던 낙동강 샛강
오늘따라 사무치게 가슴을 울린다

지금은 그 흔적들 간곳없이 사라지고
휘황찬란한 불빛으로 물들어가지만
달 밝은 밤 샛강 나루터에 앉아
버드나무 숲 사이로 반겨주던
노오란 달맞이꽃 추억이 애달파라

밤이 깊어갈수록 성긴 마음 둘 곳 없어도
하얀 미소 어여쁜 박꽃의 자태는
조선의 거룩한 모습이었어라

옛사랑도 저만치 떠나가고
시린 가슴 잠 못 이루던 불면의 시간들
잊혀지지 않는 고향 언덕이 그리워
필리리필리리 보리피리 불어보누나

길고 긴 강둑 위 풀밭 길에서
네잎클로버 찾고 있던 그 시절

밤이면 밤마다 꿈 밭을 내달리던
그리운 내 고향 석적에 당도하면
큰 걸음으로 한숨에 달려와
반겨주었던 아련한 너의 모습
모두 어디로 갔을까

쨍쨍 내리쬐던 태양의 열기
점점 잊혀져가는 추억의 발자국 따라
이 생각 저 생각에 잠겨본다

나 어릴 적 추억의 샛강
중년의 뒤안길에서도 쉬임 없이
굽이굽이 흘러가건만 아름답던
푸른 시절 참말로 아득하여라

보고 싶은 옛 친구들의 호탕한 웃음소리
해맑던 미소 노을빛 따라 저물어가네
어디선가 달려올 것 같아 뒤돌아보니
석적땅 언저리에 접동새 접동접동
구슬피 울어 울어 다시 그리운 고향

개나리

춘삼월 꽃길 따라
따스한 햇살 타고 밀려오는
봄날의 연가

겨우내 동면의 깊은 잠 깨어
울긋불긋 산천초목 꽃 물들이는
봄
봄
봄

어여쁜 아낙네 유혹의 손짓
실바람 타고 물동이에 찰랑찰랑
차마 못다 한 말 여울길 따라
환희의 신비를 알린다

그 누구도 알 수 없는 비화 속
선잠 깨어난 아기 울음소리처럼
숨 가쁜 나목들의 합창 소리

정녕 봄날은 선홍빛 동맥처럼
심장의 박동 소리에도 설레이누나
부끄러운 알몸 가리는 잎새들의 노래

얼마나 이날을 기다려왔던가
인고의 세월 뒤에 불어오는 회한의
눈물인지도 몰라

남과 북 선을 가르듯
한 무리 되어 울타리로 영글어지는
회생의 아름다운 꽃잎이여

개나리의 가냘픈 몸 사위로
세상의 모든 고난 이겨내는
노오란 황금빛 사랑의 선물

온 누리를 따스하게 색칠해주는
어느 봄날의 꿈꾸는 판타지아
너는 정녕 희망의 여신이련가

코스모스 길

한들한들 꽃바람 불어오는
시간 여행길 따라 수줍게 맞이하는
코스모스의 자태에 반하였네

너를 두고 시인의 가슴은 뛰누나
가을의 전령사
가을 무대의 주인공

오감을 뒤흔들어 놓았던
중년의 물굽이에도 변치 않는 모습
어김없이 반겨주었던 너의 도도한 절개
영원히 돌고 돌아가는 팽이처럼
나도 너를 가슴 한켠에 묻어 두련다
만추의 기억으로 남아 있을 그 날을 위하여

진달래꽃

석적 동산 맞은편 언덕배기 따라
나지막한 산봉우리에 곱게 피어 있는
진달래꽃

푸른 옷 빠알갛게 물 들어갈 즈음
조금씩 익어가는 내 마음 청춘이 된다
아득한 저 산 너머에는 그리운 동무들
모습이 아롱다롱 떠올랐다 사라지네

진달래 화전 위에 가냘픈 순이 얼굴
오늘따라 못내 그립다
그 꽃잎 따다 펼쳐놓으면
천하일색 양귀비보다 화려한 꽃

나이가 들수록 더욱더 짙어지는
추억의 꽃이여 꽃잎이여

당신의 꽃

아침 햇살 앞세우고 꽃집에 들렀습니다
붉은 장미 백합화 수선화 안개꽃 카라
꽃다지 송이송이 그대 모습처럼
어여쁘고 사랑스러운지 몰라요

길모퉁이 꽃집에는
모락모락 김 서린 이야기들
파릇파릇한 봄 내음으로 가득했습니다

당신 모습이 떠올라 가만히
눈을 감고 그려보았지만 물안개처럼
떠올랐다 사라지는 속절없는 사랑아

당신을 꽃이라 부르고 싶었던 때
천사처럼 곱고 아름다운 그 모습
아직도 선연하게 남아 있습니다

꽃보다 당신이 꽃이기를 오늘도
성모님 앞에서 기도합니다
내 사랑은 어딘가에서 사시사철
피고 지는 꽃의 화신이라고 말입니다

짝사랑

언제부터인가
아직도 하나가 되지 못한
너와 나는 평행선

나
이름하여
일편단심 민들레 되어
영원히 함께하고 싶었다

백발이 성성한 초로의
나이임에도 너를 향한
진홍빛 석류알 같은 사랑

수없이 세월이 흘러 흘러도
그 마음 변치 않으리라

언제인가 너와 나의
은밀한 방에서 천년 학의
날개를 벗고 그대 품 안에
영원히 잠들고 싶소

망발의 시간 속에서

나는 어제 보았다

첫 만남이었지만 어색하지 않고
그 어떤 거짓도 진실도 있을 수 없는
그런 소중한 만남이었다

우리는 때때로 피에로 가면을 쓰고
잠시 동안 세상의 헛된 욕심을 가렸지만
나로 인해 서로에게 웃음을 준다면
그것은 진실을 전하는 희망이 아닐까

비록 좁은 공간일지라도
우리에게 우정이라는 고리가 있기에
아무런 거짓 없이 그저 미친 사람처럼
하얀 부끄럼 속에 날뛰며
긴 머리카락 나풀 나풀거리지만
남은 것은 붉은 순정뿐이더라

순백한 무대 연희복으로
긴 치맛자락 나부끼던 천사 같은 그녀
오색 빛으로 돌고 돌아가는 풍차 속에서

살랑 살랑대는 엉덩이춤
흰나비처럼 휘날리더라

알록달록 화려함으로 가려진
철이의 순박한 함박미소

구름도 울고 넘는 박달재련가
그녀의 깊은 회한의 그림자는
세월이 흘러간 지금에도 서러운
꾀꼬리의 울음처럼 남아 있다

이 모든 것이 소중한 만남에서 시작된
회자정리의 인법이 아니던가
비록 노랫가락처럼 우수의 인연일지라도
오래도록 남아 있는 빛바랜 우정의 고리

한세상 살다 보면 시행과 착오 속에
부대끼며 아우러지는 너와 나의 인연
순간의 만남일지라도 그냥 좋았다

용솟음치는 정열을 잠재우고
가슴이 가슴으로 피어나는 겨울꽃처럼
우리는 강물이 되고 노을빛으로 물들었지

세상의 그 어떤 보석보다 아름다웠던
망발의 시간 속에서 너를 잠재우고 싶다

애기봉에서

남녘 솔바람 소리와 체를 표현한다는
송악이 맞닿는 그곳 애기봉우리

한강과 임진강이 만나는 154고지
애기봉에 오르니 고려 태조 왕건의
뜨겁고 애잔한 정기 흐른다

송도의 진산 문숭산은 간곳없고
서쪽 죽배천 남쪽 지파리천
북쪽 마미천만 발원하며
남쪽 개성 만월대 빈터만
진정 고려와 신라를 말해주는구나

청나라 호족들에게 빼앗긴
나의 님 평양감사 망부 애기는
언제 어디서 어떤 모습으로
다시 만나려 하는지 몰라

지금은 갈 수 없는 이 강 너머
개성직할시 판문군 조강리
애기만이 구사일생함은 슬프디
슬픈 일이 될 줄이야 누구 알았으리

애타고 간절한 마음으로 기다렸으나
끝끝내 돌아오지 않는 내 님
평양감사 그토록 손짓하여도
얼룩진 세월의 뒤안길은 무심하다

지치고 성근 몸 이끌고
일편단심 넋이라도 고향하늘
님 계신 북녘땅 눈물로 바라본 북녘땅
눈물로 바라본 한 서린 봉우리
애기봉에서 애기의 한이라 풀어볼까나

실향민 염원을 기원하는 망배단에서
들꽃 한 송이 바쳐왔던 반세기 끊어진 산정
끝자락에서 전설 속 이름 모를 그 여인
애통한 시절 안부 빌고 빌어본다

분단 경계선 너머 저편 자락
아득히 연결되는 선전마을
봉명산 천마산 화장산 그 어디에선가
소롯이 남아 있는 님 그림자 그립네

시린 겨울 성탄절에는 대형트리 만들어
님 계신 전선 북녘땅 빛으로 전해주고파

오도 가도 못 하는 이산가족 한 풀어주듯
우리 애기 지극한 사랑 하늘 편지를 띄워
평양감사 만나기를 속절없이 빌어본다

망각의 세상은 슬프고도 아름다운
우리네 인생이 병풍처럼 펼쳐지고
오늘도 까치발하고 기다릴까
잊지 못할 애기봉 그 사랑이여

묘향산에서

환웅의 무리 삼천 명 이끌고
신단수에 내렸다고 일연 스님이
무심으로 말했던가

수백 개 암자 따라
처연하게 흘러가는 휴정이여
봄바람 아지랑이 하늘하늘
심양에서 남쪽 지리산까지
의병만 일어나려 하는가

에스자로 굽이치는 협곡에 들어서니
비로봉 정상 바라보면
적목단 나풀거리는 정겨운 노랫가락
향로봉 남쪽 단군굴 따라가니
곰이 사람으로 환생되었다는
전설의 선경 한켠으로 젖어 드는 빛살
저리도 눈부신 절창인가

마디마디 저려오는 그리운 내 동포여
그리움이 용연되어 묘향팔경 유람 떠날
이국땅 서탑 묘향산 마루턱에서
쓸쓸한 나그네 설움 목청껏 불러보자

흑산도의 밤

시린 바람 솔솔 불어오는 바닷가
나 홀로 걸어가는 부둣가에서
스쳐 지나가는 바람의 노래
염풍 내음 맡으며 하염없이 거닐어본다

희미하게 사라져가는 불빛 아래
목젖까지 차오르는 그대의 젖은 목소리
그립고 그리워라 바다의 여인이여

항구의 밤은 깊어만 가고
어둠 속에서도 빛나던 그대
여울진 사랑의 발자국
고즈넉한 항구 모서리에
빈 배 한 척 어디론가 지평선 너머
아득한 행선지로 떠날 채비하는
어부의 성성한 외침소리 어기영차 영차

이 밤이 지나가면 물빛에 아롱진
뱃고동 소리 뚜우우우 물결치는 바다
저 바다 검푸른 바다로 자맥질하며
홍어를 잡으러 멀고 먼 뱃길 따라간다

어디로 갈까 저 넓고 넓은 대서양
똑딱선에 이내 몸을 싣고 서해바다로
거침없는 파도를 타고 그리움 한자락
잃어버린 그 사랑 잡으러 가자

두둥실 떠다니는 먹구름아
내 갈 길 부디 막지 마라
소월의 한 서린 진달래꽃
아름 따다 그 길목에 뿌려 놓으리
그대가 남겨둔 발자국 따라
금수길마다 꽃단장 하고파

나 이 밤이 가기 전에
내 님 계신 천만리길 돌고 돌아
살포시 노 저어 가리라
붉고 푸르게 빛나던 흑산도의 밤

장회나루에서

산허리 돌아 짙게 물든
나뭇잎 사이로 구담봉 옥순봉
산 첩첩 끼고 충주호 장회나루
풍류가객 싣고 떠나가는 유람선

수천 년 역사를 말해주듯
기암절벽 매끈하게 깎아 내려
등판 넓은 거북 형상 만들어
껍질째 벗겨 놓은 구담봉

수만 년 유구한 자연풍경 말해주듯
물안개 피어오르는 맑디맑은 죽순
층층 엮어 옥구슬 되어 자란 옥순봉

단양팔경 두 봉우리 쓸어안고
쏜살처럼 밀려가는 뱃고동 소리마다
구슬프다 두견새 울음소리
하여 쓸쓸한 장회나루에서

제3부

빛속의 산장

빗속의 산장

그림처럼 다소곳한 너의 자태
저물어가는 하루해보다
불타오르는 저녁연기보다
더 아름다워라

끝내 함께하지 못한
애닮픈 사랑은 떠밀려가도
추억이 되살아나는 꿈속의 산장

세상 사는 일 다 부질없다던
저문 산장 끝자락에는
꽃비처럼 내리는 빗방울 소리

먼 산 진달래 피고 지고
윤사월 축제 어우러지던
젊은 날 붉게 타오르던 향기
유혹의 손짓이었는지도 몰라

오늘도 그날처럼 빗속의
밀애는 정녕 산새들의 옹알이련가
흔들리며 휘청거리는 오후

청암사

낙엽 소리 부스럭부스럭
붉은빛 참나무 숲 사이
나뭇잎 틈새 따라 흰 살 비집어
계곡 물소리 청아하게 흐르는
산사의 여정

울긋불긋 단풍으로 수놓은
이끼 바위 사이로 소올솔
남풍 바람 계곡 타고 불어오고

다정한 연인들 체취에 취하는
땅 내음 콧잔등 간지럽힌다

범종각 터 잡아 깨침의 범종 소리
저 멀리 멀리서 들려오듯
불심 피어나는 산사의 정기
천년만년 살고지고
하얀 두 손 꼭 잡아 보건만

이승의 두 그 그림자
가깝고도 먼 비구니 계승인가
빈 바람 소리 허기를 채워주듯
인연 줄 밖에 서성거린다

회심가 처연하게 파고드는
만추의 가을 청암사

나만의 바다

길고 얼룩진 세월의 바다
시나브로 밀려오다 다시 멀어져가는
경포 앞바다 그 바다

먼 지평선 바라보니
하나 두울 푸르름 사이로
사라지는 파도의 연가
나는 어쩌란 말이야

아득한 그 시절 나이테처럼
쌓았다가 부서지고 다시
쌓았다가 부숴버렸던 사랑의 모래성
오리 시오리길 경포 앞바다
나만의 비밀이 있었네

돌고래 잔등처럼 넉넉한
잔등 내보이며 출렁이는 파도를
자장가 삼아 잠들고
잊혀져가는 희미한 옛사랑
연민의 정 퍼 올려본다

지금은 어디에서 무엇을 하는지
어느 하늘 아래 꽃신 신고 다닐까
내 사랑 순이의 깊은 속내 감싸줄
심신 할매 멍든 자국 드러날 때
나만의 그 바다에서 하염없는
상념에 푹 잠겨보노라

흰 새

한 마리 흰 새를 잡았다

움츠린 내 가슴속
새로운 기운이 담금질하고
가녀린 너의 몸짓
소슬한 바람에 일렁이네

온 세상 다 움켜쥐어도
잡히지 않는 너의 마음

살포시 다가와 날갯짓하면
더 멀리 미련 없이 날아간다

저 산 너머에는 누가
살고 있을까
새 희망 찾아서 넓은 대지 위로
훨훨 날아오른 흰 새
목청껏 불러본다

밝고 맑은 미소로
다가온 너의 몸짓
아이처럼 매달리는 나에게

대답할 듯 말 듯 무언의 속삭임
메아리처럼 아득하여라

오늘따라 하얀 마음
파란 마음 한데 모아 너에게
편지를 쓴다

첫눈

첫눈 내리던 그 날
겨울 강가에서 꿈처럼 만나자던
저문 맹세 다 어디로 가고
외기러기 신세처럼
황량한 낯선 그림자만 서성인다

아무런 언약도 없이
피멍 드는 기다림을 배우며
나는 너를
너는 나를
수없이 부르다가
죽을 그 이름이 되었다

자기만의 소유

그대의 혼불에서
이브의 조각을 찾아내듯
내 심장의 한 방
나지막한 담장의 울타리
아무도 찾지 못할
조그마한 구석진 방
나만의 공간에서
이름 없는 쓸쓸한 시인이 되어
어쩌다 휘몰아치면
이성과 야성의 합일치 되어
이지를 창조하듯
소유는 버리는 같은 것
다시 버려진 시

낙동강 2
— 그리움의 파장

인적 드문 강 언저리
그 무엇보다 세차게 흘러가는
세월의 강

동네 꼬마둥이들 동심의 나래
동그라미 속 파노라마
흔적 없이 떠올랐다 사라지는
낙동강 기슭 그리움의 파장
지독하게 길었다

깊은 속살 사이로 묻혀버린
진실의 덩이처럼
침묵의 강물 위로
물귀신처럼 피어오르는
연민의 물안개

낙동강 3
— 선창집

새벽 여명 알리는
숱한 조깅의 무리
만수공원 약수터 가는 길
무지로 불어오는 바람 소리

깊은 소망 기도 소리
홍조로 익어가는 소녀의
추억 너머 숨어 있는
흑백사진 속 풍경

무너진 성곽 지킴이
목숨 바쳤던 자고산 성터
역사의 저편 바라보니

조화로운 도시공간 사이로
파고드는 백포산성이여

낙동강 4
— 한 나루터

그 강을 만나고 싶다

물빛 그리움에 폭 쌓여버린
면사포 사이로 꽃물 젖은
청춘의 강

맨발로 달려갈 수 있는
넓고 푸른 유년의 강

그 모든 추억의 발자욱들
나만의 소유로 간직하고 싶다

바다를 가지고 싶다

부서지는 포말이 출렁일 때마다
가슴을 파고드는 애수의 그림자
해원의 푸른 바다
무인도 같은 너의 숨결
꼭꼭 묻어두고 싶다

배 한 척을 갖고 싶다

넓고 푸른 강물 헤치고
번뜩이는 물고기 속살을 해부하듯

남극과 북극점을 찾아
미지의 두 화점이 만날 그곳
한순간의 착각이라도 좋다

너와 나의 파라다이스
꽃배를 동동 띄워 끝없이
원 없이 단둘이 항해하고 싶다

정박할 외딴 나루터
우리가 살아 있는 동안
이 세상 모든 것 나만의
소유로 만들고 싶다

제주 해녀여 그리움 따다 주오

우아한 문주란 꽃잎 고이 접어
새파란 입술 마디마디
외로이 서 있는 촛대바위
문섬 그곳엔
신비로운 자태 찬란한
이슬방울 파도 따라 멀리
저 멀리 끝없이 질주한다

외마디 갈매기 소리
바닷새 먹이 사냥 떠날 때
황혼의 엘레지 부르던 그곳
부두의 아침
고요에 밀려와 닻 내리듯
새털처럼 가벼운 양탄자 띄워
소라 캐러 콧노래 부르는 해녀의
그리운 바다를 조각한다

아직도 생경하게 그려지는
전복 한 소쿠리마다
땀 내음 향수에 담아 가려나

세월 너머 굽이치는 제주 해녀여
그 그리움일랑 나에게
모두 따다 주렴아

그리운 바다

독야청청 푸른 바닷물
해녀의 검은 손 담그면
흰 거품 위로 찰랑거리는
지평선 너머 물 사위

다시 피 올리는 그리움의 바다
설움의 바다 옛사랑이 머무는 바다
통통배에 시름을 담아본다

언제였을까
내가 다시 그 이름 부르듯
그가 내 곁으로 다가와
손짓하던 그 바닷가

모래알처럼 수많은 사연
썼다가 지우고 다시 썼다가
지우던 청춘의 그 날들이여

파도야 파도야
너는 내 마음 알리라
모든 것 다 잊어버리고
그리운 바다로 가자

제4부

어머니

어머니

어머니 손맛이 그립다
멀지 않는 객지 생활 탈탈 털고
금의환향 고향길 달려가고 싶다

아침 안개 피어오르는 연못가
유년시절 뛰어놀던 꿈동산으로
사랑의 손맛 그리워라
귀한 자식 생각에 남겨둔
비릿한 생선 내음이 진동하여도
괜찮다 괜찮다 하시던 울 어머니
오늘따라 참 많이 그립다

응석받이로 자라 까까머리 학창시절
검은 교복 하얗게 빛나도록 챙겨주시던
어머니 손때 묻은 주름진 얼굴이
울컥 목젖을 적신다

집 떠난 아들 성적표 날아오면
낙제점 종잇조각도 다정하게 바라보던
사랑의 울 엄니 내 어머니 엄마
부르고 불러봐도 그리운 어머니

싸리 빗자루가 피멍이 들도록
자식 사랑의 매를 후려치던 추억도
어머니 속마음은 더욱더
쓰라리고 아렸을 것이 아닌가
나이가 들수록 어머니 품속으로
돌아가고 소리 없이 안기고 싶다

철부지 아들이 어른이 되어서야
어머니 깊은 정을 깨달았으니 애통하고
애닯고 가슴 터질 듯 아프다

반찬 투정 꾸러기로 자랐던 어린 시절
갈치구이 조각내어 제비 입 벌리듯
냉큼 받아먹던 그 시절로 돌아가고 싶다

세상의 공황이 찾아와도
생살 뜯는 고된 현실 속에서
아버지 몰래 주시던 하얀 쌀밥 한 그릇
어머니 사랑의 모정이 아니었던가

지금에 와서야 못난 자식임을 알았으니
주름진 세월의 물굽이 참으로 애통하다

어머니 사랑 속에 미루나무 키처럼 불쑥
자라왔지만 삶이 부대끼며 살다 보니
어머니 얼룩진 세월은 두 번 다시 오지 않는
회한의 길이라는 것을

이승의 마지막 그날엔
잃어버린 어머니 가슴 부여잡고
통곡한들 무슨 소용 있으랴

중년의 나이가 들고 보니 자연의
섭리 앞에 무너지는 어리석은 내 모습
서로 사랑하라는 어머니 뼈아픈 가르침
아직도 귀에 쟁쟁 들려 오누나

보고 싶은 어머니 내 엄마
하늘만큼 땅만큼
많이많이 보고 싶어요

아득한 그리움

얼마나
너를 더 사랑해야
이 지독한 멀미에서
헤어날까

이 불타는 사랑
저 하늘가에 던질 수
있을까

다시 얼마나 더
너를 안아야
열병으로 앓는 이 가슴
저 들녘에 풀어놓을까

아무리 떨쳐내어도
자석처럼 모여드는 지독한
내 그리움의 불꽃

당신 곁에서 서성거리는
내 그림자 밟고 헤어나지 못하네

잊을 수 있을까
무시로 떠오르는 그 얼굴
지울 수 없어 애달파라

이 깊어가는 가을
먼 메아리처럼 허공을 가르는
꿈속의 사랑

만추의 가을 낙화처럼
야속한 바람의 유혹이련가
끝내 잡지 못하는 내 안의 두 그림자

잔영

텅 빈 초로의 가을
빈 들녘의 허수아비처럼
잊지 못할 당신 떠올리면
저 노을빛이 얼마나
아름다운지 난 몰라

코끝을 스쳐 지나가는
소슬바람의 노래
낙엽의 잔해 속에
묻어버린 빛바랜 편지는
오래도록 그대 가슴에
남아 있을 거야

하얀 빈 가슴마다
소리 없이 머물다 가버린
가을걷이의 길고 짙은 여운
찬 서리에 젖고 젖었어라

당신이 남기고 간 흔적조차
찾을 수 없는 희미한 옛사랑의
흔적만 바스락이는 노을빛 저녁

아주 작은 잔영이라도
간직하고 싶은 숨길 수 없는
내 사랑 그대여

님 바라기

정녕 아니 오실거나
내 사랑하는 님이여

가이없는 하늘 바라보며
기다림의 끝에 서 있다

오늘 같은 내일이 시작되면
또 다른 모습으로 기다림
배울지도 모른다

식을 줄 모르는 이내 마음
사랑의 불씨 아직도 남아 있을까

칠월 칠석

깊은 산속 암자 비칠 듯
소맷자락 끝으로 살짝 들어 올려
단팥죽 봉양하는 도봉사
삭발머리 여승의 회심곡
산울림 되어 메아리친다

바느질 솜씨 늘려 달라
직녀성에 합장하면
안개꽃 피어오르는 향로
숨길 수 없는 사연까지도
연기 속에 사라지네

은하의 길 따라 서성이는
별자리 꽃자리 연약 속

하늘 인연 맺은 사랑
장맛비 내리는 여름날이면
칠월 칠석 견우직녀 혼령인가
애끓는 전설의 밤

세배 가는 길

길모퉁이 열녀문 지나면
아련한 오솔길 따라
하얀 버선발 솔바람 같은
어머님의 함박미소
다시 또 그리운 날

한평생 길고 긴 한
정한수 떠 놓고 불공드리며
진정 내 진정 빌고 또 빌던 손

고달픈 육신의 정
때때저고리 걸친 듯 감아
웃어른 세배 덕담 보름달 같아라
새해 소원성취하게

추억의 바지저고리
형형색색 고리 이으며
이웃 사촌집 용마루 길
세배 가는 길

오래전에 잊혀져가는
유년의 옛 산 생각하면
새 마음 기운 받아 밀창 너머
눈부신 아침 햇살

추석

햇곡으로 빚은 송편
농익은 술 싱그러운 과일상
대풍년이로구나

가을빛 아래 거두어드린
농부의 부지런한 땀방울이 맺은
조상 차례 온 가족이 도란도란
박속처럼 넉넉한 올케 시엄니
동백기름 자르르 빗어 올려
사당에 천신하고
정한수 떠다 조왕단지 갈아
성묘하는 보름달 천신제
앞동산 올라서니
출가한 딸 반보기하는
중로 상봉길 따라 그리운
어머니 무명지 같은 사랑
하늘 멀리 둥근 보름달
내 마음 같아라

그리운 설날
— 새해를 맞이하며

눈비 내리는 새해 아침
어머니 품 같은 우리네 고향길
풍성한 상차림
액막이 삼재부제 올려
세상 모든 근심걱정
온갖 시름 잊고져

들 삼재 또한 촌로의 황혼이련가
날 삼재로 돌아오는 인생
그 젊은 날 토정비결
풀 비린내 나는 화선지엔
인간지사 일장춘몽이라

그믐날 품어 둔 복조리
첫사랑 향기처럼 피어오르고
그립다 그립다
말하면 오금까지 저려 드는
조상의 얼이 배여 있는
우리네 설날 새해 벽두여

그해 여름

홑저고리 속
팔목에 끼고
청 저고리 꽃단장
중복 날 대청마루에 서면

발그레 달아오르는 인생역정
시공을 넘고 넘어선 높새바람
권세 높은 양반집 대나무발
문지방을 넘고 켜켜이 높아라

둥글고 넉넉한 추임새
깊어가는 여름밤 시름으로
익어가는 그해 여름

촌로

산비탈 골진 밭 갈고
초막의 논길 따라
우마차 끌어 짐 나르면
연자방아 돌려 벼 찧는
힘센 황소 울음소리

볏짐 가마솥
구정물 범벅이네

타오르는 정열의 불꽃
쇠죽 펄펄 장작불 지피니
춤추며 날뛰는 촌로 풍경

보기 좋게 구부러진 긴 나무
비육우와도 바꿀 수 없는
농부의 손때 묻은
쇠죽 갈고리

통 큰 인생

대나무 두 귀 엮어
방 구석구석 선 그으면

조선의 두루마기
바지저고리 치마 걸고
먼지막이 횃대보로
지나온 삶 덮어 두고

횃대 밑 더벅머리 셋이면
날고뛰는 놈도 별수 없다는
뒤치다꺼리 인생이련가

일생을 자식 위해 한 몸 바친
어머니의 한평생

인생살이 하 수상타
풍류가객이 따로 없네
한 시대를 풍미했던
한량의 울 아부지

통 큰 인생의 주역이라

제5부

보릿고개 넘으며

보릿고개 넘으며

꽁보리밥 도시락 싸서
출근하는 기분 좋은 날

연한 솔 껍질 벗겨
한입에 쏘옥 씹으면
알싸한 생기 볼록 솟아나고

파릇파릇 돋아나는 봄 쑥 뜯어
찰진 떡 만들어 먹던 보릿고개

숙이 아빠 등짐 태우고
일용할 양식 팔아 올망졸망
가족 위해 고갯길 올라서는
후미진 외길 따라 황혼이 진다

허기진 배 움켜쥐고
생존 경쟁터전 같은 시골 장터
하늘가에 노고지리 지지배배
회한의 보릿고개

군용 열차

시름 많은 사연 싣고
어둠 가르고 떠나가는 삼등 열차
회오리바람 같은 순간들
만남과 이별의 끝자락에 남겨두고
역사의 행선지로 향한다

차창 너머로 멀어져가는 고향역
꿈 많은 사춘기 소년으로 돌아가듯
코끝이 시큰시큰

살아서 돌아오라고 건강하게
잘 지내라고 두 손 꼭 잡아주시던
주름진 어머니 얼굴 생각하니
눈시울 뜨거워진다

이미 주사위는 던져졌다
세상 온갖 시름 뒤로하고
칙칙폭폭 어둠 뚫고 미끄러져 가는
군용열차의 애환들
한 시대의 젊음이 엮어지고 있다

통근 열차

새벽 여명의 종소리
강 건너 물살을 타고
쏜살같이 달려오는 철길

아침 이슬 묻어나는 풀섶
풋 소년 청운의 꿈
통근 열차 속에 펼쳐본다

새벽 번개시장 찾아가는 아낙네들
재잘재잘 참새처럼 어여쁜 여학생
철둑길 사이로 세상 이야기는
신화 같은 흔적을 남긴다

통근 열차 시루 같은 속에는
생기가 돌고 삶의 현장을 담은 채
흐르는 강물처럼 흘러 흘러
행선지를 향하여 질주하고 있다
기적 소리 뚜우우우 울리며

도깨비 집

상가에서 돌아오는 골목길
모락모락 피어오르는
빈 초가 도깨비 집

딸각발이 전설 속
인생 실은 속암 고개마당
샅바 잡아 왼쪽 다리 거두니
승리의 함성 지르는 황소장사

간절한 소원 말하면
거꾸로 들어 준다는 도깨비
수수떡 좋아하는
도깨비 잡으려면 도깨비굴로
어서 달려가자

횃불 들고 나서는 야심한 밤
꽁꽁 묶어 둔 황량한 그 자리
허공에 흔들리는 빗자루 고독한
장승처럼 서 있네

하얀 고무신 2

그믐달 같은 세상 바뀌듯
하얀 고무신의 아련한 추억
가슴 깊은 곳에 나래를 접는다

산등성이 무너지는 소리
고속도로 환히 뚫리는
괴성 또한 현대문명의 소음

까까머리 꼬마 시절
뛰어놀던 언덕배기는
도회적인 주택이 들어서니
옛 정취는 쓸쓸히 사라진다

하얀 고무신 강물에 띄워
나룻배로 두둥실 몸을 싣노라면
나도 모르게 꿈 많던 그 시절
사뭇 그립다

정들었던 이웃 이제는 가고 없고
선홍빛 저녁노을 따라 한 울타리
만들어 가는 고향 터 사람들

하얀 고무신 1

하늘 아래 첫 동네로
전학 가던 날
어머니 젖가슴 같은 사랑의
하얀 고무신 두 짝

행여 잊어버릴까
조마조마한 앙가슴
꼭 껴안고 잠든다

신명 나는 아침이 밝아오면
하늘보다 으쓱으쓱 뽐내기
검정 고무신 대열 속 한 짝
쉬는 시간마다 신발장 훔쳐보며
행복했던 하얀 고무신 사랑

반짝거리는 문명보다
뽀얀 하얀 고무신에 담긴 행복
유년의 보석 같은 선물이다

먼 산 진달래 피고 지는
아득한 어느 봄날

새 신을 신고 우주 속으로
훨훨 날고 싶었던 하얀 고무신

지금도 몰래 꺼내 보는
희미한 추억의 실타래

토끼 사냥

개여울 건너 남산길 올라
어깨동무 손잡고
토끼몰이 나서는
서설 내리는 날

앞다리 짧은 산토끼
동구 밖으로 달려가면
폴짝폴짝 아기 걸음 애처롭다

쌓여가는 눈 밟힐세라
자욱 날까 살며시 찍은 세 점
동심의 연줄 좁혀갈 때
깊은 산 옹달샘 누구 누가
먹나요 부르던 동요가 생각난다

소나무 가지 흔들며
지도 그리던 그 오솔길
우렁찬 합성 소리 외치며
입김 호호 불던 추억의 토굴

추억의 보따리 둘러맨 채
꼬부라진 산행은 고생길이다
싸아한 겨울 내음 따라 묻어오는
토끼 사냥 놀이 이제는 까마득한
마음의 고향마루

황소 등 타고

마을 뒷산 너머
소 몰고 나가는 아이들

소등 타고
산등성이 돌고 돌아
먹잇감 찾아 헤매는 황소

비 오는 깊은 산속
오동나무 가지 꺾어
꿈 짓는 오두막

파릇한 풀숲에 둘러앉아
새참 먹고 하늘 바라보는 시간
온통 황소들의 초막이구나

비 개인 파아란 하늘 바라보며
산 정상에 오르니 넓은 마을
시야 가득 들어오고
송아지 음매 음매 엄마 젖 달랜다

황소 넓은 등짝에 탈 때마다
포근한 내 엄마 품속 같다
무릉도원이 따로 없던
소등 타고 하산하는 여름 하오

향수

그 오랜 그리움의 끝자리는
어디까지일까?
희미한 기억의 저편
저녁연기처럼 피어오르는
향수의 노래

도란도란 화롯가에 둘러앉아
호랑이 담배 피우는 이야기
타오르는 연기처럼 정답다

지금은 모두 떠나가고
까닭 없는 설움만 핑그르르
고향의 정 잊지 못해
뻐꾹새처럼 뻐꾹 뻐국

추억 줍기

채수영(시인 · 문학비평가 · 문학박사)

1. 프롤로그 추억의 입구

사람은 앞을 바라보면서 노래하는 사람과 지난 시간을 추억하면서 노래하는 삶으로 구분된다. 전자는 이지적이고 냉정하다고 할 수 있다면, 후자는 온정을 내포하고 따스한 인간미를 담고 있는 경향을 보일 수 있다. 물론 둘의 경우가 명확하게 칸막이로 가르는 것이 아니라 서로 유기적으로 혼합하여 나타나는 경향이 다분할 것이다. 다만 어느 경향이 더 많이 출몰하는가에 따라 분류할 수 있다는 추론일 뿐이다.

과거지향은 애달픔이라는 뉘앙스가 많이 포함된다. 왜냐하면, 지난 것들은 얼마의 시간이 지나면 그립고 돌아가고 싶은 마음이 앞장서면서 길을 재촉하기 때문이다. 모든 인간들은 대체로 지난 것에 매달리는 것에

익숙하고 또 과거의 시간 속에서 현실의 고달픔과 아픔 그리고 신산(辛酸)한 삶의 고비를 위로받고 싶어 하는 일이 보편성을 갖고 생활하기 때문이다. 그렇다면 과거는 현실의 생기를 되찾을 수 있는 요소이면서 미래로 넘어가기 위한 징검다리의 역할이 수행된다. 물론 너무 지나친 과거지향은 나약함을 불러오는 경우도 없진 않다. 다만 과거와 현실과 미래를 균형으로 사고하는 일은 보다 적극적인 삶이 모습일 것이라는 뜻이다.

이태일 시인의 시는 대부분 과거 속에서의 무늬를 직조(織造)하는 특징이 있다. 이는 정신 에너지에 추억이 강한 추동력을 발휘하는 경우로 인식된다. 이제 이태일 시인의 정신도(精神圖)를 추적하는 절차로 들어간다.

2. 정신의 인자(因子)들

1) 고향의 평행이론

우리나라 대부분의 시인들의 시에 등장하는 많은 시가 고향이고 어머니 그리고 자연과 사랑이 차지한다. 물론 그 외에 작은 요소들— 이별이거나 만남 혹은 꽃들로 세분할 수 있지만, 어머니와 고향이나 사랑은 시의 가장 앞자리에서 정서를 이루는 요소들이 반복되어 시를 구성한다. 이에 대한 분석은 원형적인 문제인 자기의 삶에 근원을 찾아가는 길 찾기이고 인간의 로고스 사고를 형성하는 본질에 대한 천착(穿鑿)이라는 점에서 근거를 찾을 수 있을 것이다. 그렇다면 왜 사람은 고향을 그리워하고 돌아가고 싶은 충동을 항상 갖고 사는가? 이의 예는 수구초심(首丘初心)이라는 말은 여우가 죽을 때, 자기가 태어난 굴 쪽으로 머리를 둔다는 고사(故事) 또한 익히 아는 사실이다. 고향은 자기의 본질에 대한 추원보본으로의 원형을 담고 있기 때문에 항상 그리움의 마음이 가슴속에 담겨 있고 또 위로를 받는 이름이기도 한다. 이런 추세를 다음 시로 최초의 문을 연다.

그 오랜 그리움의 끝자리는
어디까지일까?
희미한 기억의 저편
저녁연기처럼 피어오르는
향수의 노래

도란도란 화롯가에 둘러앉아
호랑이 담배 피우는 이야기
타오르는 연기처럼 정답다

지금은 모두 떠나가고
까닭 없는 설움만 핑그르르
고향의 정 잊지 못해
뻐꾹새처럼 뻐꾹 뻐국

—「향수」 전문

고향은 현재 살고 있는 공간이 아니라 이미 떠나온

공간일 때, 그리움과 돌아가고 싶은 마음이 발동된다. 어린 날의 추억이 넘치는 공간이기 때문에 현재와 과거와의 거리(Distance)가 엄존한다. 그 떨어진 거리만큼 그리움이고 애섧은 마음이 떠날 줄 모르는 끈을 가지고 있다. 평생을 고향을 떠나지 못한 사람과 어린 날에 떠났다 돌아온 사람의 고향 생각과 토박이로 눌러 사는 사람의 고향에 대한 생각은 다르다. 이방(異邦)에서 살다 돌아온 사람의 고향관은 떨어진 시간 간격만큼 애착의 끈이 질기게 끌어당긴다. '희미한 기억의 저편'과 '안개' 속에 들어 있는 고향의 정서는 가린 안개숲 만큼 '정답다'라는 시어로 처리되는 것은 애착의 만남이다. 그러나 '지금은 모두 떠나고'의 부재에 대한 공허는 혓소리와 눈물을 재촉하는 일이고 무심한 뻐꾹새의 소리가 잊지 못하는 현실을 애달파한다. 뻐꾹새 소리는 곧 시인 자신을 암시하는 이미지일 때, 시인의 마음에는 추억이 밀물로 흐르는 가슴이 된다.

2) 고향의 정서

인간에게는 원형(原型)의 인자가 항상 작용한다. 이는 돌아가고 싶은 마음의 의지처가 뇌리에 저장되었기 때문에 항상 돌아가 의지하려는 생각이 일관된 정서를 지속한다. 사람은 처음 접한 것에 애착을 갖고 또 친근미를 갖기 때문에 첫사랑이나 처음 접촉한 것에 유독 사랑의 마음이 두껍게 작동된다. 고향 또한 그런 정서를 의미한다. 그러나 막상 돌아가면 고향에 실망의 경우가 있다 해도 귀향으로의 정서는 언제나 끈끈한 인연의 줄기가 떨어질 줄 모르는 유난한 생각이 부풀어 마음을 지배하는 길을 만들기 마련이다. 「고향의 저녁 연기」, 「귀신 소동」, 「우물가에서」, 「질화로」, 「체다리」, 「내 고향 석적」 등은 모두 시인의 고향에 대한 관념이 흘러넘친다. 도시가 아니라 한가(閑暇)하고 여유로운 시골풍경이 눈에 접혀온다. 사실 도시는 변하는 속도가 빠르기 때문에 고향으로의 인자가 약하지만, 시골일 경우는 아늑한 산하나 강물 혹은 개울물 소리 등이 매우 아련한 추억의 이미지를 끌어온다. 그 때문에 고향의 정서는 대체로 시골의 풍경— 농업사회의 특성이 화면으로 장악된다.

한 세상 무거운 짐 이고 가는
고생 많으시던 우리 엄마
그 그림자 뒤를 따라
걸어오신 세월의 물굽이길

어느새 중년의 나이가 되어도
언제나 그리운 석적땅 내 고향

모래무지 땅 파고
송사리 떼 무리 지어 헤엄치며
매기잡이 손사래 치던 그곳

유년이 익어가던 낙동강 샛강
오늘따라 사무치게 가슴을 울린다

지금은 그 흔적들 간곳없이 사라지고

휘황찬란한 불빛으로 물들어가지만
달 밝은 밤 샛강 나루터에 앉아
버드나무 숲 사이로 반겨주던
노오란 달맞이꽃 추억이 애달파라

밤이 깊어갈수록 성긴 마음 둘 곳 없어도
하얀 미소 어여쁜 박꽃의 자태는
조선의 거룩한 모습이었어라

옛사랑도 저만치 떠나가고
시린 가슴 잠 못 이루던 불면의 시간들
잊혀지지 않는 고향 언덕이 그리워
필리리필리리 보리피리 불어보누나

길고 긴 강둑 위 풀밭 길에서
네잎클로버 찾고 있던 그 시절

밤이면 밤마다 꿈 밭을 내달리던
그리운 내 고향 석적에 당도하면
큰 걸음으로 한숨에 달려와
반겨주었던 아련한 너의 모습
모두 어디로 갔을까

쨍쨍 내리쬐던 태양의 열기
점점 잊혀져가는 추억의 발자국 따라
이 생각 저 생각에 잠겨본다

나 어릴 적 추억의 샛강
중년의 뒤안길에서도 쉬임 없이

굽이굽이 흘러가건만 아름답던
푸른 시절 참말로 아득하여라

보고 싶은 옛 친구들의 호탕한 웃음소리
해맑던 미소 노을빛 따라 저물어가네
어디선가 달려올 것 같아 뒤돌아보니
석적땅 언저리에 접동새 접동접동
구슬피 울어 울어 다시 그리운 고향

—「내 고향 석적」 전문

매우 장황한 시이다. 이런 현상은 할 말이 그만큼 많다는 것을 의미하기 때문에 절절하고 깊은 애착이 묻어나는 현상을 암시한다. 무려 11연의 긴 의미는 시인의 마음속에 파노라마의 풍경이 잡혀 있기 때문에 '할 말이 많음'으로 연을 이끌고 있다는 점— 1연은 물굽이 따라 고생이 많았던 어머니의 이야기로 문을 연다. 이어 회상의 장면은 시인이 성장하여 돌아보는 길이 어린 날의 추억으로 길이 이어지면서 낙동강이 시의 공간을 장악한다. 이러한 전개는 항상 순서를 순리로 이끌어가기 때문에 추억이 전면으로 회상구조를 채색하면서 애달픈 여백이 구슬퍼진다. '박꽃'의 자태를 개입하여 순수미를 강조하는 일면 추억의 백미(白眉)인 '옛 사랑도 저만치 떠나가고'에서 '저만치'만큼의 거리에 슬픔이 스며든다. 그러나 고향은 변화 앞에 낯섦을 느끼는 것은 시간이 만들어주는 아픔이다. 왜냐하면, 세상은 마구 변화(變化)하고 또 변화 속에 새로운 이름들이 탄생하는 고향의 공간은 이질적인 느낌이 애설픔으로 돌아눕기 때문이다. '어릴 적 추억의 샛강'은 이미 없어졌거나 극심한 변화를 만나야 할 때 아득한 시간의 층이 두껍게 마음을 가리기 때문에 더욱 아픔으로 다가든다. 시의 마지막 구절에 시인의 정신은 온통 추억의 응축(凝縮)이 그리움으로 점철된다. '보고 싶은 친구들' 어디선가 달려올 것 같은 착각의 사고(思考)에서 시인은 고향의 그리움을 '구슬피 울어 울어'로 대변하는 마음이 매우 페이셔스하다는 점은 곧 시인의 고운 심성으로 여겨진다.

조상의 얼이 서린 구들장 사이로
보리피리 소리 처연한
한개 마을 뒷동산

산 여울에 아롱지며
사라지는 고향의 저녁연기

—「고향의 저녁연기」 일부

황혼이면 저녁연기 오르고 가난한 시절의 이름으로 묻어오는 추억의 길이 연기 따라 오른다. 슬픔의 보릿고개였고 가난이 때 묻어 따라오던 시절에도 지난 아름드리 아름다운 이름으로 골목을 휘돌아 저녁이면 식솔들이 집으로 모아들었다. 보리피리의 가락에 젖은 농촌의 풍경은 한가한 연기에 고요함이 마을을 감기는 연기가 사뭇 낭만을 불러오는 풍경이지만 당시에는 그

저 놀이에 빠진 추억이 새삼 그리움으로 길을 내는 길고 긴 사유의 줄기였을 뿐이었다.

농촌의 전통문화는 적개심이 없는 자연과 인간의 생각이 하나로 결합한다. 소와 인간의 친화는 그런 일을 단적으로 의미한다.

넓은 마당 소등 타고 맴돌다
호랑이 담배 피우던 옛 시절
밤 깊어가는 줄 내 몰라라

고향의 저녁연기 모락모락
먼 아지랑이 피어오르는
유년의 뜨락에서

울 어머니 젖가슴 사이로
흠뻑 젖어 드는 애수의 곡이련가
정답던 내 고향집 툇마루에 서면
봄기운 꽃 내음 사무치게 그립다

—「유년의 뜨락에서」 일부

시골의 밤은 도시와 다르게 길다. '소등 타고'와 '호랑이 담배' 등은 우리네 사랑방에서 듣던 정경이었으니 '유년의 뜨락에' 소중한 기억의 파편들이었다. 기억은 가난한 시절이 더욱 선명하다면, 이는 각인(刻印)된 뇌파에 깊은 상흔(傷痕)을 새기었기 때문에 쉽게 잊히지 않고 따라오는 아름다운 추억의 이름이기 때문이다. 시인은 저녁연기 속에서 길을 만들어 오늘로 가져올 때, 아련한 추억의 명상길이 더욱 채색에의 그리움을 부추기는 요소가 한층 선명하다. 이는 봄의 내음이나 어머니의 젖가슴에 따사함이 연결고리를 형성하면서 오늘로 가져오는 아련함이 그리움과 함께 보조를 맞추는 추억의 이름들이기 때문이다.

회상(回想)은 언제나 길이 하나가 아니다. 전후좌우를 막론하고 기억의 문을 두드리는 무방향의 소식들이기에 반갑고 돌아가고 싶은 처연(凄然)함이 시간의 등성이에 문득 나타나기 때문에 항상 돌아가고 싶은 열망이 부풀어 오른다. 이태일 시인은 두꺼운 고향의 외투를 자랑으로 생각하면서 오늘을 살고 또 내일을 건너가려는 발심(發心)으로 고향의 정서가 무지개로 떠도는 기억과 손을 맞잡고 살아가는 시인이다.「귀신 소동」,「우물가에서」,「질화로」,「체다리」 등은 고향 중에 기억을 살찌우는 추억의 이름들이다.

어둠 사이로 하얗게 떠오르던
긴 머리 풀어 제친 처녀 귀신
후미진 담벼락 수세식 화장실
태식이 시야에 소롯이 떠오르던
싸늘한 새벽 기운이 소슬하다

맨발의 달음박질
양손에 꽉 쥔 고무신 두 짝
천국과 지옥을 향하여
후다닥 뜀박질한다

—「귀신 소동」 일부

귀신이 어디 있을까만, 시골의 밤이면 사방이 칠흑의 어둠이 장막을 가릴 때, 무서움증이 두꺼워진다. 여기서 어김없이 귀신의 소름 돋는 이야기가 배태(胚胎)되고 마음을 두근거리게 했던 소문에 스스로 무서움을 배가하는 빠른 걸음에 그림자가 웃고 있는 셈이다. '양손에 꽉 쥔 고무신 두 짝'을 쥐고 '후다닥 뜀박질'로 도망가는 정경은 시골의 추억을 더욱 살찌게 만든 소름 돋는 아름다운 전설이었다.

3) 추억의 이름들

기억의 두꺼운 층을 가진 추억은 언제나 밖으로 나오려는 회상의 문이 있다. 선명함이기보다는 안개로 가린 것 같은 희미함에서 오히려 추억이 넓은 길에 출몰하기 때문에 손에 쥘 듯이 친근함을 불러온다. 이태일 시인의 시는 이런 정서가 넉넉한 사진첩을 풀어헤친다. 물론 지금은 박물관에서 찾을 수 있는 낡고 깊은 정감의 이름들이 마음을 포근하게 인도하는 유물들이지만 당시엔 친근한 명칭들이었다. 토끼 사냥이나 황소 등 타고의 추억은 아주 오래된 기억의 사진첩이기 때문이다.

황소 넓은 등짝에 탈 때마다
포근한 내 엄마 품속 같다
무릉도원이 따로 없던
소등 타고 하산하는 여름 하오

—「황소 등 타고」 일부

목동의 피리 소리가 들리고 귀가(歸家)로 돌아오는 황혼 무렵의 서정적인 풍경이 다가든다. 물론 그 낭만은 우리가 이미 겪었던 시절의 이야기이기에 더욱 친밀하고 저녁연기 따라 푸른 들판의 싱그러운 내음이 어린 시절의 고귀한 회상의 정경이라면 이태일 시인은 그런 분위기의 과거지향에 안도감을 느끼는 시절을 바라보고 시의 행로를 재촉하는 마음이 곱다. 이런 원인은 시에서는 물을 수 없는 오로지 독자가 가늠할 일이다.

개여울 건너 남산길 올라
어깨동무 손잡고
토끼몰이 나서는
서설 내리는 날

앞다리 짧은 산토끼
동구 밖으로 달려가면
폴짝폴짝 아기 걸음 애처롭다

—「토끼 사냥」 일부

지금은 사라진 아련한 추억의 놀이지만 손에 잡힐 듯이 가까운 어린 시절의 기억이 깔깔거리는 흐던한 웃음에 사진첩이다. 눈이 내린 날의 토끼몰이는 마을 청년들이 벌이는 전통놀이의 사냥법이라 우정과 우정이 따스함과 어울리는 깊은 추억의 울림을 주는 이름이다. 지금은 이미 멀리 떠난 기억의 파도에서 가끔 들리는 회상의 메아리로나 찾아가는 낡은 사진첩에 들어 있는 기억의 재생이기 때문이기에 신명(神明)을 꺼내는 시인의 마음에는 행복한 시절의 파노라마가 눈앞에 선연하게 펼쳐진다.

하얀 고무신은 귀한 신발이었다. 까만 고무신이 대부분이었고 하얀 고무신은 마음을 하얗게 밝혀주는 윤나는 행복의 이름이었기에 차마 닳을까 봐 아끼고 아끼는 신발이었기 때문이다.

하늘 아래 첫 동네로
전학 가던 날
어머니 젖가슴 같은 사랑의
하얀 고무신 두 짝

행여 잊어버릴까
조마조마한 앙가슴
꼭 껴안고 잠든다

—「하얀 고무신 1」 일부

얼마나 귀한 그리고 애착의 신발이었으면 '조마조마'로 '꼭 껴안고 잠든다'의 꿈길이었을 것인가. 아마도 신발로 신기보다도 귀중품으로 소중하게 간직하려는 마음으로 점철된 가난한 시절의 추억이다. 이런 기억은 50년대 이후 산업화의 60년대를 지나면서 겪었던 시절의 경험이었기에 잠 못 이루면서 애착으로의 표상물이 된 하얀 고무신은 자랑의 물목이 시인의 추억을 채색하고 있다. 이는 하얀과 검은색의 대비개념이기 때문에 넉넉하고 우월한 상징으로 하얀 이미지의 자랑은 당시엔 흔한 추억의 길을 인도하는 상징이었고 '유년시절의 보물 같은' 마음이 아름답게 드러난 기억의 샘물을 퍼내는 길이다.

아침 이슬 묻어나는 풀섶
풋 소년 청운의 꿈
통근 열차 속에 펼쳐본다

새벽 번개시장 찾아가는 아낙네들
재잘재잘 참새처럼 어여쁜 여학생
철둑길 사이로 세상 이야기는
신화 같은 흔적을 남긴다

—「통근 열차」 일부

시간은 지나간다. 그 지나는 속도가 현란하게 기억을 뒤로 물리면서 과거를 유물로 바꾸어 놓는다. 통근 완행열차는 검은 연기를 뿜으면서 터널을 지나고 바람을 가르는 날들의 정경이다. 검은 교복을 입은 학창 시절의 설렘과 어쩌다 사랑의 눈길이 마주치던 혹은 사랑도 이루어지는 장소였고 장마당을 찾아가는 아주머니들의 왁자한 물품이나 참새같이 예쁜 세라복의 여학생을 바라보던 가슴 설레던 날들의 신화의 장소가 통근 열차로 상징된다. 이젠 시속 300여 킬로의 번개 같은 속도의 특급열차에서는 냉랭한 속도만 있을 뿐이지 풋풋한 인간미는 멀리 추억 속으로 사라져 아쉬움만이 시심(詩心)을 적시고 있다.

가난한 시절의 기억은 돌아보면 그것도 지난 이름에 화려한 사건들이 웃음으로 다가든다. 그러나 저녁 무렵이면 연기 피어오르는 집집마다 보릿고개의 아픔은 더욱 시장기를 부추기는 나른한 기억이 문을 밀고 들어온다.

꽁보리밥 도시락 싸서
출근하는 기분 좋은 날

연한 솔 껍질 벗겨
한입에 쏘옥 씹으면
알싸한 생기 볼록 솟아나고

파릇파릇 돋아나는 봄 쑥 뜯어
찰진 떡 만들어 먹던 보릿고개

숙이 아빠 등짐 태우고
일용할 양식 팔아 올망졸망
가족 위해 고갯길 올라서는
후미진 외길 따라 황혼이 진다

허기진 배 움켜쥐고
생존 경쟁터전 같은 시골 장터
하늘가에 노고지리 지지배배
회한의 보릿고개

—「보릿고개 넘으며」 전문

시인 황금찬은 그의 시에서 보릿고개는 에베레스트보다 높다고 표현했다. 배고픈 시절의 태양은 항상 밝아 눈을 게슴츠레 하늘을 바라봐야 하고 먹어도 먹어도 시장기가 보채는 날들로 오뉴월을 지나는 길이 험하고 시련과 아픔의 대명사였다. 우리들은 그런 시절을 지나 먹을 것이 넘치는 때를 살고 있다. 전쟁의 참화— 그 터널은 길고 긴 처절함이었고 이 시대를 지나는 길은 자갈밭 같은 소리가 배 속에서 들려오는 때— 유엔군이 제공하는 우유를 하학(下學) 시간이면 배급으로 주었고 그것을 집으로 가져가 어린 동생들과 나누어 먹던 기억이 남의 나라 그것이 아니었다. 이제 젊은 사람들은 그런 시절을 낡은 사진 속에 들어 있는 화성의 이야기로 알고 있다. 초근목피(草根木皮)의 참혹한 실상은 비극의 풍경이었고 가난의 누더기는 형언하기 어려운 우리들의 체험 속에 녹아 있는 아픔이었으니 잊어서는 안 되는 설득의 웅변(雄辯)을 시인은 보여주는(Showing) 것으로 말하고 있다.

예술의 전개는 두 가지의 형태가 있다면, 설명과 설득의 한 가지가 있고, 풍경이나 사실을 보여주는 전개방식이 있다면 물상을 보여주는 것이 가장 좋은 표현법이다. 고흐의 〈농부화〉는 이를 잘 설명하는 표현법이었다면, 시는 설명이 아니라 다만 보여주어 독자를 생각의 바다로 이끌고 가는 방식일 때, 성공적인 감동을 유인하게 된다. 오로지 생존의 가치가 우선하는 시절에 기억을 되살리는 것은 과거로 돌아가기를 권유하는 것이 아니라 오늘을 더욱 가치의 개념으로 새겨야 한다는 주장이 곧 이태일 시인의 시적 의도라면 이는 어른스러운 모습을 연상하게 한다.

지난 것은 오늘을 돌아보게 하는 요인이라면 이태일 시인의 시에 과거는 더욱 좋은 현실 인식의 종소리가 될 때, 가치의 개념으로 높아진다는 뜻이 된다.

4) 부모 혹은 사랑

앞에서 언급한 문학의 평행이론에서 결코 빠지지 않는 것이 부모에 대한 것이고 사랑도 끼어든다. 인간 삶의 일생에 가장 가까운 의식의 심리적인 원천이기 때문에 이는 자연스러운 표현의 방도일 것이다. 그러나 모든 시인들이 사랑과 부모를 표현한다 해서 유사하거나 같은 형태라면 이는 개성을 망각한 일이기에 무가치로 전락한다. 시는 곧 개성의 발현(發現)이고 이를 시인만의 방법으로 표현하기 때문이다.

어머니 손맛이 그립다
멀지 않는 객지 생활 탈탈 털고
금의환향 고향길 달려가고 싶다

아침 안개 피어오르는 연못가
유년시절 뛰어놀던 꿈동산으로
사랑의 손맛 그리워라
귀한 자식 생각에 남겨둔
비릿한 생선 내음이 진동하여도
괜찮다 괜찮다 하시던 울 어머니
오늘따라 참 많이 그립다

—「어머니」 전문

어머니는 항상 가슴에 있고 아버지는 머리에 남아 있다. 자상하고 챙겨주는 어머니의 은근함은 허기를 맛으로 채워주신 어머니이기 때문이다. 어머니는 먹을 것은 오로지 자식만을 위해 건사하고 스스로는 굶다시피 살아가기 때문에 어머니는 가슴에 깊은 흔적이다. '괜찮다 괜찮다'의 어머니 말에는 오로지 자식과 식솔(食率)들만을 먼저 생각하고 당신은 항상 뒤로 처리하는 양보와 사랑은 가늠할 수 있는 지고(至高)의 사랑이기 때문에 훗날 자식들이 어머니 마음을 이해했을 때는 회한의 강물만 바라보는 일이 비일비재할 것이다. '오늘은 참 많이 그립다'는 어머니의 이해의 폭이 이제사 더욱 애달픈 여백으로 시인의 마음을 점령하고 있음을 의미한다. '보고 싶은 어머니 내 엄마/ 하늘만큼 땅만큼/ 많이 많이 보고 싶어요'를 절규하는 이태일 시인의 마음에는 서글픈 애통의 물살이 가슴을 점령하여 떠날 줄 모르는 그리움으로 어머니를 추억한다. 이는 본질을 찾아가는 인간의 착한 심성을 의미할 때, 과거의 기억들이 현실로 다가와 더욱 빛나는 추억을 선사한다.

인생살이 하 수상타
풍류가객이 따로 없네
한 시대를 풍미했던
한량의 울 아부지

통 큰 인생의 주역이라

—「통 큰 인생」 일부

어머니는 애면글면 자식이나 지아비를 위해 살았다면 아버지는 '통 큰 행보'로 가족을 위해 살아간다. '풍류가객'이고 '한량'의 아버지에 대한 기억은 다소 드라이함도 느껴진다. 그러나 지난 시절의 아버지들은 거의 같은 유형의 삶을 살았다. 가정을 등한시는 물론이고 외도나 노름으로 지새는 경우도 허다했고, 절망의 깊이에서 술타령이 전부였던 사람도 많았다. 그런 행위를 바라보면서도 원망 없던 기억은 아버지는 으레 그런 것이다라는 마음뿐이었음은 어느 가정이나 유사했음이다. 다만 '통이 큰 인생'이라는 막연한 표현 속에 어버지는 어머니와 다른 굵은 선이 느껴진다.

5) 바다와 식물 정서

인간은 그가 살아가는 근거에 애착을 갖는 일이 거의 습관적으로 밀착된 정서를 발휘한다. 다시 말해서 바다에서 삶을 일군 사람은 바다의 정서가 많고, 산에서 살아온 사람은 자연, 산에 그의 정서의 줄기가 형성된다. 이는 어린 날에 친밀한 환경은 나이가 들어 낯선 곳에 거주하더라도 결코 잊지 못하는 애착을 갖고 살아간다. 이태일 시인의 생은 아마도 낙동강과 밀접한 정신의 추이가 담겨진다. 이는 그만의 어떤 인자를 굳이 분석할 일은 아니지만, 시에서 보이는 것이 곧 원인을 설명하는 근거가 될 것이다.

그 강을 만나고 싶다

물빛 그리움에 폭 쌓여버린
면사포 사이로 꽃물 젖은
청춘의 강

맨발로 달려갈 수 있는
넓고 푸른 유년의 강

그 모든 추억의 발자욱들
나만의 소유로 간직하고 싶다

—「낙동강 4」 일부

연작시 1~4까지를 이어가는 것은 시인만의 정신 속에 강줄기의 사연이 깊이 담겨 있음을 증명한다. 강은 길의 끝 모를 이미지이다. 때문에 어딘가 미지(未知)를 향해 앞으로 나아가려는 시심이 발동되는 이유는 이태일 시인이 간직된 가슴의 성정(性情)을 키웠음을 의미한다. 맨발로 뛰어놀던 유년의 놀이터인 강이었고 여기서 어딘가를 동경하는 꿈의 길이 발원했고, 내일로 이어지는 상상의 길이 만들어졌음을 낙동강의 이미지가 대변한다. 선창집의 애환이 「낙동강 3」에서의 추억 찾기라면 그리움의 파장을 담은 「낙동강 2」엔 성숙된 의식으로 진전되는 강의 이미지에는 단계적인 진전이 물살로 흐른다.

의식의 흐름은 강물의 흐름과 매우 유사하다. 작은 개울물에서 냇물이 되고 다시 강물로 흐름을 이어가면서 드디어 바다에 이르기를 소망하는 확장성은 누구나 갖는 정신의 추이가 될 것이기 때문이다. 이태일 시인은 드디어 강물의 줄기가 바다로 이어질 것을 증명한다.

길고 얼룩진 세월의 바다
시나브로 밀려오다 다시 멀어져가는
경포 앞바다 그 바다

먼 지평선 바라보니
하나 두울 푸르름 사이로
사라지는 파도의 연가
나는 어쩌란 말이야

아득한 그 시절 나이테처럼
쌓았다가 부서지고 다시
쌓았다가 부숴버렸던 사랑의 모래성
오리 시오리길 경포 앞바다
나만의 비밀이 있었네

—「나만의 바다」 일부

인간의 의식은 단절된 파편(破片)이 아니라 심리적인 무의식의 연결점을 이끌면서 존재한다. 낙동강의 줄기가 드디어 경포 앞바다의 푸름에 이른다. 거기엔 추억의 줄거리가 있을 수 있고 또 무언가 잊지 못한 사건도 있을 수 있을 것이다. 물론 시는 증명하는 것이 아니라 의식을 꺼내는 행위이기 때문에 독자는 다만 따라가면 된다. 아마도 '사랑의 모래성'이라는 절규로 보아 경험의 부분이 지배소를 이루고 바다를 원망하는 이야기가 담겨 있음이다. '내 사랑 순이의 속내를 감싸줄' 대상이 어느 하늘에 살고 있을까를 추상하는 이태일 시인의 정신 깊은 곳의 사연이기 때문에 파도의 밀려옴은 곧 순이와 상상이 겹쳐지는 그림이 된다. 이런 바다는 멀리 당도하고 싶은 그리움의 진원이기에 항상 출렁이는 소리로 의식을 전개하는 것 같은 청각이 시각으로 변하는 이미지의 모양이다.

오늘따라 하얀 마음
파란 마음 한데 모아 너에게
편지를 쓴다

—「흰 새」 일부

강이나 바다에는 으레 새가 날아오른다. 이는 비상(飛翔)의 의미에 고귀한 천상의 꾸밈도 될 수 있고 간직된 사념의 고귀성을 나타내는 메신저의 상상이 된다. 다시 말해서 현실에서 만날 수 없을 때 하늘의 새는 위로의 이름이기 때문이다. '하얀 마음'을 모아 '너에게 편지를 쓴다'는 것은 뜻을 전달하는 이미지로 나타나기 때문이다. 이는 부재(不在)의 순이에 대한 그리움이고 사랑의 상상일 때, 고귀하고 깨끗한 정서의 그림이 의식의 벽에 걸린 아름다움이다.

이태일 시인의 시에는 식물 정서가 많다. 그것도 꽃에 다수 등장한다. 「개나리」, 「진달래꽃」, 「코스모스 길」 등이 화려한 사고를 꾸미고 있다. 식물 정서는 시인의 성품이 내성적이거나 안온함을 의미한다. 왜냐하면, 취향은 곧 그 사람의 상징을 지칭하기 때문이다. 역동적이 아니라 수동적이고 내면 추구의 정서를 의미하고 있다.

> 언제부터인가
> 아직도 하나가 되지 못한
> 너와 나는 평행선
>
> 나
> 이름하여
> 일편단심 민들레 되어
> 영원히 함께하고 싶었다
>
> —「짝사랑」 일부

'석류' 같은 사랑 그리고 너에게로 날아갈 수 있는 민들레의 식물성은 곧 사랑의 이름을 호화롭게 꾸미려는 시인의 장식 욕구를 뜻한다. 왜냐하면, 시인이 선택하는 시어는 모두 의도적이기 때문이다. 개나리의 화사함이나 진달래꽃의 아름다움 그리고 가을 하늘을 배경 하여 흔들리는 코스모스의 모양에서 시인의 상상은 순수한 풍경화를 꾸미는 장면에서 사랑의 넓이를 장식하는 화려함의 일면이다. 이는 '일편단심'과 '영원히 함께하고 싶은' 비유가 곧 꽃으로 변하였기에 시인이 내면에 그리움의 정서는 향기를 발산하려는 애착이 유난하다.

3. 전통의 얼굴들 – 에필로그

시는 자기만의 고백을 유지하고 감추면서 언어로 표현된다. 이는 시적 장치라는 그릇으로 자화상을 그리는 것과 같은 말이다. 이태일 시인은 추억의 표정 속에서 오늘을 살고 내일로 진행하는 방편(方便)이 곧 과거의 시간 속에서 에너지를 발굴한다. 이는 그의 감수성이 통합된 결과물로서 주로 토속적인 일상이 나열되었다. 추억과 향수의 아득함에서 어린 날들의 파노라마가 윤기를 더하고 전통의 묵수(墨守)에서 오늘을 바라보는 혜안(慧眼)은 고향과 어머니의 원천에 기대는 것은 그의 풍요로운 시가 살아 있는 생명의 길을 유유히 찾아가는 수려한 모습으로 일관되었다. 그는 순수하고 담백한 정서를 요리하고 맛을 내는 이 시대 전원을 노래하는 서정 시인이다.

문학세계대표작가선 876

고향의 저녁연기

이태일 시집

인쇄 1판 1쇄 2019년 1월 8일
발행 1판 1쇄 2019년 1월 15일

지 은 이 : 이태일
펴 낸 이 : 김천우
펴 낸 곳 : 도서출판 천우
등 록 : 1992. 2. 15. 제1-1307호
주 소 : 서울시 성동구 무학봉28길 6 금용빌딩 2F
전 화 : 02)2298-7661
팩 스 : 02)2298-7665
http://moonhak.wla.or.kr
E-mail : chunwo@hanmail.net

값 10,000원

ISBN 978-89-7954-755-9

이 도서의 국립중앙도서관 출판예정도서목록(CIP)은 서지정보유통지원시스템 홈페이지(http://seoji.nl.go.kr)와 국가자료공동목록시스템(http://www.nl.go.kr/kolisnet)에서 이용하실 수 있습니다. (CIP제어번호: CIP2019000813)